Verena Mair-Briggs

10659911

Les 1 000 mots indispensables en italien

FIRST
Editions

ISBN : 978-2-7540-1626-1
Dépôt légal : 1ᵉʳ trimestre 2010

Conception graphique : Georges Brevière
Couverture : Olivier Frenot
Graphisme : Joséphine Cormier

Imprimé en Italie
Éditions First
12, avenue d'Italie, 75013 Paris
Tél. : 01 44 16 09 00
Fax : 01 44 16 09 01
e-mail : firstinfo@efirst.com
www.editionsfirst.fr

SOMMAIRE

POUR TOUT DIRE
La partie français / italien   31

Les mots français classés par thèmes
et traduits en italien   33

POUR TOUT COMPRENDRE
La partie italien / français 97

Les expressions utiles en italien
classées par thèmes et traduites en français 99

Les mots italiens en liste alphabétique

ANNEXE

INTRODUCTION

Un Petit Livre pour tout dire
et tout comprendre

Un Petit Livre à emporter partout pour faire face à toutes les situations de la vie de tous les jours.

Un tout petit livre qui se glisse facilement dans la poche est le compagnon fidèle de tout voyageur. Un compagnon qui permet de se débrouiller correctement quand on est à l'étranger et qu'on ne parle pas la langue du pays. Un compagnon qui permet d'accueillir un italophone en France sans problème de communication. Un compagnon indispensable dans toute situation…

1 000 mots italiens vous permettront de vous sortir de la plupart des situations de la vie courante, 1 000 mots sélectionnés spécialement pour leur fréquence et aspect directement utile. Ce sont ces 1 000 mots que vous retrouverez dans votre Petit Livre. Il est organisé en deux parties faciles à utiliser.

Ici, vous trouverez les mots qu'il vous faut pour tout dire (ou presque tout !) : vous cherchez la traduction d'un mot français ? C'est ici que vous la trouverez.

Dans la seconde partie de votre Petit Livre, vous trouverez les mots pour tout comprendre (ou presque tout!): vous cherchez le sens d'un mot italien? C'est là que vous le trouverez.

***

Votre kit de survie

Dans un « kit de survie », vous trouverez les mots indispensables dont vous aurez toujours besoin: les nombres, des outils grammaticaux qui vous permettront d'indiquer la quantité ou la possession, de poser des questions, etc. La rubrique Prononciation vous donnera quelques pistes pour mieux prononcer, donc mieux comprendre et vous faire comprendre.

Pour tout dire : la partie français/italien

Les 1 000 mots essentiels sont classés en 14 thèmes qui recouvrent l'essentiel de la vie de tous les jours.

Chaque rubrique comporte des expressions directement utilisables qui vous seront utiles en voyage.

Pour tout comprendre :
la partie italien/français

Dans cette partie du livre, vous trouverez une cen-
taine d'expressions que vous entendrez très certaine-
ment si vous voyagez à l'étranger.

Pour vous faciliter la tâche, nous les avons classées sous les mêmes rubriques que celles de la partie
français/italien.

Puis les 1 000 mots de l'italien sont classés par
ordre alphabétique pour que vous les retrouviez facilement.

Dans les glossaires des deux parties, tous les mots
de plusieurs syllabes comportent une voyelle en gras
qui vous indique où se porte l'accent.

VOTRE KIT DE SURVIE
Il vostro kit di sopravvivenza

1. LES ARTICLES

	Articles définis		Articles indéfinis	
	Masculin	Féminin	Masculin	Féminin
Singulier	il lo l' (*le*)	la l'(*la*)	uno (*un*)	una (*une*)
Pluriel	i gli	le (*les*)	dei degli	delle (*des*)

2. LES PRONOMS PERSONNELS

	Sujet	COD	COI
1re pers. S	io (*je*)	mi (*me*)	mi (*me*)
2e pers. S	tu (*tu*)	ti (*te*)	ti (*te*)
3e pers. S	lui/egli/esso (*il*)	lo/la (*le/la*)	gli/le (*lui*)
	lei/ella/essa (*elle*)		
1re pers. PL	noi (*nous*)		ci (*nous*)
2^e pers. PL	voi (*vous*)	ci (*nous*)	vi (*vous*)
3^e pers. PL	loro/essi (*ils*)	vi (*vous*)	gli/loro (*leur*)
	loro/esse (*elles*)	li/le (*les*)	

3. LES POSSESSIFS

Les adjectifs

Singulier (un objet appartenu)

(il) mio/(la) mia (*mon, ma*)

(il) tuo/(la) tua (*ton, ta*)

(il) suo/(la) sua (*son, sa*)

(il) nostro/(la) nostra (*notre*)

(il) vostro/(la) vostra (*votre*)

il/la loro (*leur*)

Pluriel (plusieurs objets appartenus)

(i) miei/(le) mie (*mes*)

(i) tuoi/(le) tue (*tes*)

(i) suoi/(le) sue (*ses*)

(i) nostri/(le) nostre (*nos*)

(i) vostri/(le) vostre (*vos*)

i/le loro (*leurs*)

Les pronoms

Masculin singulier	Masculin pluriel	Féminin singulier	Féminin pluriel
(il) mio (*le mien*)	(i) miei (*les miens*)	(la) mia (*la mienne*)	(le) mie (*les miennes*)
(il) tuo (*le tien*)	(i) tuoi (*les tiens*)	(la) tua (*la tienne*)	(le) tue (*les tiennes*)
(il) suo (*le sien*)	(i) suoi (*les siens*)	(la) sua (*la sienne*)	(le) sue (*les siennes*)
(il) nostro (*le nôtre*)	(i) nostri (*les nôtres*)	(la) nostra (*la nôtre*)	(le) nostre (*les nôtres*)
(il)vostro (*le vôtre*)	(i) vostri (*les vôtres*)	(la) vostra (*la vôtre*)	(le) vostre (*les vôtres*)
(il) loro (*le leur*)	(i) loro (*les leurs*)	(la) loro (*la leur*)	(le) loro (*les leurs*)

4. LES DÉMONSTRATIFS

Lorsque l'objet est proche de celui qui parle :

	Pronoms (celui-ci, celle-ci)		Adjectifs (ce, cette, ces)	
	Masculin	Féminin	Masculin	Féminin
Singulier	questo	questa	questo	questa
Pluriel	questi	queste	questi	queste

Lorsque l'objet est distant de celui qui parle et de celui à qui on s'adresse :

	Pronoms (celui-là, celle-là ceux-là, celles-là)		Adjectifs (ce, cette, ces)	
	Masculin	Féminin	Masculin	Féminin
Singulier	quello	quella	quel quello quell'	quella quell'
Pluriel	quelli	quelle	quei quegli	quelle

5. LES 10 QUANTITATIFS

peu	*poco*
beaucoup	*molto*
trop	*troppo*
assez	*abbastanza*
très	*molto*
rien	*niente*
quelque	*qualche*
aucun	*nessuno*
quelque chose	*qualche cosa*
personne	*nessuno*

6. LES 20 PRÉPOSITIONS

à	*a*
à côté de	*vicino a*
autour de	*intorno a*
avant	*prima di*
avec	*con*
dans	*in*
de	*da* ou *di*
depuis (en provenance de)	*da*
depuis (longtemps)	*da (molto tempo)*
en	*in*
en dehors	*all'esterno di/fuori da/di*

en haut	*in alto*
entre	*tra*
jusqu'à	*fino a*
par (moyen, manière)	*per*
pour (but)	*con* ou *per*
sans	*senza*
sous	*sotto*
sur	*sopra*
vers	*verso*

7. LES 10 MOTS DE LIAISON

comme (comparatif)	*come*
d'abord	*prima*
donc	*quindi/dunque*
ensuite	*poi*
et	*e*
mais	*ma*
ou	*o/oppure*
parce que	*perché*
que/qui	*che*
si	*se*

8. LES 10 INTERROGATIFS

combien de temps ?	*quanto tempo?*
combien ?	*quanto?*
comment ?	*come?*
lequel / quel ?	*quale?*
où ?	*dove?*
pourquoi ?	*perché?*
quand ?	*quando?*
quelle quantité ?	*che quantità?*
qui ?	*chi?*
quoi ?	*cosa?/ che cosa?/ che?*

9. LES 10 ADVERBES

alors	*allora*
aujourd'hui	*oggi*
demain	*domani*
hier	*ieri*
ici	*qui*
là-bas	*lì*
maintenant	*adesso*
plus tard	*più tardi*
plus tôt	*prima*
seulement	*solamente/solo*

10. LES 20 VERBES (+ 1re pers. sing. du présent)

aimer	*piacere (mi piace)/amare (amo)*
aller	*andare (vado)*
appeler	*chiamare (chiamo)*
avoir	*avere (ho)*
connaître	*conoscere (conosco)*
devoir	*dovere (devo)*
dire	*dire (dico)*
être	*essere (sono)*
faire	*fare (faccio)*
obtenir	*ottenere (ottengo)*
parler	*parlare (parlo)*
penser	*pensare (penso)*
porter	*portare (porto)*
pouvoir	*potere (posso)*
regarder	*guardare (guardo)*
savoir	*sapere (so)*
venir	*venire (vengo)*
vivre	*vivere (vivo)*
voir	*vedere (vedo)*
vouloir	*volere (voglio)*

11. LES 50 ADJECTIFS

affamé	*affamato*
autre	*- altro*
bas	*basso*
bien	*per bene*
bon	*buono*
calme	*tranquillo*
cassé	*rotto*
chaud	*caldo*
clair	*chiaro*
court	*corto*
difficile	*difficile*
dur	*duro*
doux (au goût)	*dolce*
drôle (amusant)	*divertente*
effrayé	*spaventato*
ennuyé	*annoiato*
épicé	*piccante*
étrange	*strano*
facile	*facile*
fatigué	*stanco*
faux	*falso*
fermé	*chiuso*
fort	*forte*
froid	*freddo*

gentil	*gentile*
grand	*grande*
gros	*grosso*
haut	*alto*
heureux	*felice*
inquiet	*preoccupato*
léger	*leggero*
lent	*lento*
lourd	*pesante*
malade	*malato*
mouillé	*bagnato*
nouveau	*nuovo*
ouvert	*aperto*
pauvre	*povero*
petit	*piccolo*
plein	*pieno*
propre	*pulito*
rapide	*rapido*
réel	*reale*
rond	*rotondo*
sale	*sporco*
sombre	*scuro*
stupide	*stupido*
vide	*vuoto*

vieux	*vecchio*
vrai	*vero*

12. LES PANNEAUX À COMPRENDRE

A
aire de service	*area di servizio*
arrêt interdit	*divieto di fermata*
attention	*attenzione*
autoroute	*autostrada*

D
danger	*pericolo*
danger de mort	*pericolo di morte*
déviation	*deviazione*
dos-d'âne	*dosso*

F
fermé	*chiuso*

I
impasse	*vicolo cieco*

N
ne pas stationner	*divieto di sosta*

O

ouvert	*aperto*

P

passage piéton	*passaggio pedonale*
péage	*pedaggio*
priorité à droite	*precedenza a destra*

R

radar	*radar*
ralentir	*rallentare*
risque de bouchon	*rischio coda*
rond-point	*rotonda*
rue à sens unique	*strada a senso unico*

S

sortie	*uscita*

T

travaux (en cours)	*lavori (in corso)*

V

vitesse maximum	*velocità massima*

13. LES FAUX AMIS
français-italien   italien-français

affolé = *sconvolto*	*affollato* = bondé
appointements = *stipendio*	*appuntamento* = rendez-vous
assez = *abbastanza*	*assai* = beaucoup
attacher = *legare*	*attaccare* = attaquer
atteindre = *raggiungere*	*attendere* = attendre
botte = *stivale*	*botte* = tonneau
boudin = *sanguinaccio*	*budino* = flan
brut = *lordo/grezzo*	*brutto* = laid
cancre = *somaro*	*cancro* = cancer
cantine = *mensa*	*cantina* = cave
case = *casella*	*casa* = maison
code = *codice*	*coda* = queue
confettis = *coriandoli*	*confetti* = dragées
costume = *vestito da uomo*	*costume da bagno* = maillot de bain
déjeuner = *pranzare*	*digiunare* = jeûner
escale = *scalo*	*scala* = escalier
facteur = *postino*	*fattore* = fermier
fermer = *chiudere*	*fermare* = arrêter
firme = *ditta*	*firma* = signature

gare = *stazione*	*gara* = compétition
guère = *quasi mai*	*guerra* = guerre
gueule = *bocca*	*gola* = gorge
lever = *alzare*	*levare* = enlever
limonade = *gazzosa*	*limonata* = citronnade
lourd = *pesante*	*lordo* = brut
mare = *stagno*	*mare* = mer
nonne = *monaca*	*nonna* = grand-mère
poli = *educato*	*pulito* = propre
rage = *rabbia*	*raggio* = rayon
travail = *lavoro*	*travaglio* = tourment
vite = *velocemente*	*vita* = vie

14. LA PRONONCIATION

En italien, on prononce toutes les lettres.

Comme vous le savez sans doute, la langue italienne est très chantante et cela est dû en particulier à l'accent tonique.

L'accent tonique marque dans un mot la syllabe sur laquelle la prononciation est plus appuyée : *avventura* (aventure), *azzurro* (azur).

Excepté pour certains mots, l'accent tonique n'est pas marqué graphiquement.

➡ La plupart des mots italiens sont des *parole piane*, c'est-à-dire des mots dont l'accent tonique porte sur l'avant-dernière syllabe (contrairement au français qui privilégie toujours l'accent final) : *bene* (bien), *marito* (mari), *patata* (pomme de terre), *interessante* (intéressant).

➡ Les autres mots sont des :
- *parole sdrucciole,* accentuées sur l'antépénultième syllabe : *macchina* (voiture), *angelo* (ange), *zucchero* (sucre).
- *parole bisdrucciole,* accentuées sur la troisième syllabe avant la dernière : *capitano* (ils/elles arrivent/surviennent), *abitano* (ils/elles habitent).
- *parole tronche,* accentuées sur la syllabe finale. Il s'agit souvent de mots qui ont **perdu** leur syllabe finale au cours de l'histoire comme *virtù* (du latin virtute, vertu), *libertà* (du latin libertas, liberté), ou leur voyelle finale, comme *andar* pour *andare* (aller), *dover* pour *dovere* (devoir), ou encore de formes verbales au passé simple *cantò* (il/elle chanta), *provò* (il/elle essaya).

L'accent graphique peut être grave *(grave)* ou aigu *(acuto)*.

Il est toujours grave sur *a, i, o, u,* mais peut être grave ou aigu sur *e.*

Dans ce dernier cas, la prononciation change: *è* /ɛ/ (il/elle est), *caffè* /ɛ/ (café), *perché* /e/ (parce que), *benché* /e/ (quoique).

Les sons vocaliques :

➡ **Les voyelles *e* et *o*** peuvent avoir une prononciation fermée /e/ ou ouverte /ɛ/, fermée /o/ ou ouverte /ɔ/ sans présenter un accent graphique.
sera (soir), *mese* (mois) /e/, *dove* (où), *sole* (soleil) /o/; *bello* (beau), *verso* (vers) /ɛ/, *poco* (peu), *porta* (porte) /ɔ/.

➡ **La voyelle *u*** correspond au son français [ou]. Le son vocalique exprimé par le *u* français n'a pas de correspondant en italien.

➡ **Il n'existe pas de voyelles muettes.**

➡ **Les voyelles suivies de *m* et *n*** ne se nasalisent pas et gardent leur son propre: *en*trata (entrée), *im*portante (important), *on*da (vague).

Les sons consonantiques :

➡ **Le son /k/ :** *cosa, quota.*

  • La consonne *c* a un son guttural devant *a, o, u.* Devant *i* et *e,* le son guttural est maintenu par le biais orthographique du *h.*
  casa /ka/ (maison), *chilo* /ki/ (kilo).

• La consonne *q*, toujours suivie de la voyelle *u*, a également un son guttural : *questo* (celui-ci), *quadro* (tableau).

➡ **Le son /g/** : *gamba*.

• La consonne *g* a un son guttural devant *a, o, u*. Devant *i* et *e*, le son guttural est maintenu par le biais orthographique du *h*.
gatto /ga/ (chat), *ghepardo* /ge/ (guépard)

➡ **Le son /tʃ/** : *ciao*.

• La consonne *c* a un son doux devant *e* et *i*. Devant *a, o, u*, le son doux est exprimé par le biais orthographique du *i*.
cioccolata /tʃo/ (chocolat), *cena* /tʃe/ (dîner).

➡ **Le son /dʒ/** : *giallo*.

• La consonne *g* a un son doux devant *e* et *i*. Devant *a, o, u*, le son doux est exprimé par le biais orthographique du *i*.
giacca /dʒa/ (veste), *gelato* /dʒe/ (glace).

➡ **Le son /ʎ/** : *figlio*.

Ce son est exprimé par le groupe consonantique *gl* suivi de la voyelle *i*. *Gli* a toujours un son de *l* mouillé un peu comme dans le mot « paille ».
maglione (pull), *moglie* (épouse).

➡ **Les sons /ts/ ou /dz/** : *azione, zaino*.

Ils sont exprimés par la consonne z, prononcée

sourde ou sonore.

Sourde: *senza* /tsa/ (sans), *pranzo* /tso/ (déjeuner).

Sonore: *azienda* /dzi/ (entreprise), *zanzara* /dza/ (moustique).

➡ **Le son** /r/ : *ruota.*

Il se prononce toujours roulé.

arte (art), *treno* (train).

Particularités :

➡ **Les doubles consonnes** :

• En italien, elles sont nombreuses.

Elles se prononcent en prolongeant la durée du son, sans modifier sa sonorité: *brillare* [bril'lare], contrairement au français ou le *l* doublé est modifié en [j] (briller).

• Elles peuvent constituer l'élément distinctif entre deux mots: *capello* avec un seul *p* signifie cheveu, tandis que *cappello* avec deux *p* signifie chapeau.

• Elles correspondent à différents groupes consonantiques français *dm, ct, pt, dv, bs* rendus en italien par le doublement de la deuxième consonne: op**t**ique – *o**tt**ica,* a**c**te – *a**tt**o,* adversaire – *a**vv**ersario,* ab**s**ent – *a**ss**ente.*

➡ **La lettre h :**
- Le *h* en début de mot subsiste exclusivement au présent du verbe *avere* (avoir) afin de le distinguer de la conjonction *o* (ou) ou de la préposition *a* (à). Le *h* ne se prononce pas.
- On trouve le *h* exclusivement dans les phonèmes *chi, che, ghi, ghe* et dans les interjections : *Ah!, Oh!, Ahimé!*

15. LES LETTRES DE L'ALPHABET

L'alphabet italien est une variante de l'alphabet latin, utilisée par la langue italienne. L'alphabet traditionnel contient 21 lettres (les lettres K, J, W, X et Y apparaissent dans de nombreux mots étrangers, mais n'en font pas partie).

A, a	a	/a/
B, b	bi	/b/
C, c	tchi	/k/ *ou* /tʃ/
D, d	di	/d/
E, e	é	/e/ *ou* /ɛ/
F, f	effé	/f/
G, g	dji	/g/ *ou* /dʒ/
H, h	akka	lettre muette
I, i	i	/i/ *ou* /j/

L, l	ellé	/l/
M, m	emmé	/m/
N, n	enné	/n/
O, o	o	/o/ *ou* /ɔ/
P, p	pi	/p/
Q, q	kou	/k/
R, r	erré	/r/
S, s	essé	/s/ *ou* /z/
T, t	ti	/t/
U, u	ou	/u/ *ou* /w/
V, v	vi	/v/
Z, z	dzeta	/dz/ *ou* /ts/

POUR TOUT DIRE
La partie français / italien

Les mots français classés par thèmes
et traduits en italien

1. L'ESSENTIEL
L'essenziale

à bientôt !	*a presto!*
à l'aide !	*aiuto!*
d'accord !	*va bene!*
bon appétit !	*buon appetito*
bonjour	*buongiorno*
bonne nuit	*buona notte*
bonsoir	*buona sera*
danger	*pericolo*
excuse-moi	*scusa*
merci (beaucoup)	*grazie (mille)*
oui	*sì*
non	*no*
de rien	*prego*
s'il te/vous plaît	*per favore*
Madame,	*Signora,*
Monsieur,	*Signore/Signor,*
Mademoiselle	*Signorina*
pardon	*Scusi! Mi scusi!*

2. LES GENS & LA FAMILLE
La gente & la famiglia

accueillir	*accogliere*
adolescent	*adolescente*
adulte	*adulto*
aîné	*maggiore*
ami	*amico*
amitié	*amicizia*
baptême	*battesimo*
bienvenu	*benvenuto*
beau-père	*suocero*
bébé	*bebè*
belle-fille	*nuora/figliastra*
belle-mère	*suocera/matrigna*
cadeau	*regalo*
célibataire	*celibe(homme)*
	nubile(femme)
collègue	*collega*
couple	*coppia*
cousin	*cugino*
divorce	*divorzio*
divorcé	*divorziato*
élever	*educare*
enfant	*bambino/figlio*

enfance	*infanzia*
époux	*sposo*
féliciter	*congratularsi*
fête	*festa*
fiançailles	*fidanzamento*
fiancé	*fidanzato*
fils	*bambino/figlio*
frère	*fratello*
gendre	*genero*
grand-mère	*nonna*
grands-parents	*nonni*
grand-père	*nonno*
grossesse	*gravidanza*
invitation	*invito*
inviter	*invitare*
jeune	*giovane*
jumeau	*gemello*
mariage	*matrimonio*
marié	*sposato*
marraine	*madrina*
Mlle, M, Mme	*Sig.na (Signorina), Sig. (Signore), Sig.ra (Signora)*
mère	*madre*
mort	*morto*

mourir	*morire*
naître	*nascere*
neveu	*nipote*
nièce	*nipote*
nom de famille	*cognome*
nouveau-né	*neonato*
offrir	*regalare*
oncle	*zio*
parents	*genitori*
parrain	*padrino*
père	*padre*
prénom	*nome*
présenter	*presentare*
quereller (se)	*litigare*
remercier	*ringraziare*
repas	*pasto*
retard	*ritardo*
séparé	*separato*
sœur	*sorella*
tante	*zia*
veuf	*vedovo*
visite	*visita*
visiter	*visitare*

Français / Italien

Expressions

Le nom de ma mère c'est…
> *Il cognome di mia madre è…*

J'ai deux frères.
> *Ho due fratelli.*

Je suis sa tante.
> *Sono sua zia.*

Je suis ravie de ce repas.
> *Sono contenta di questo pasto.*

C'est mon meilleur ami.
> *È il mio migliore amico.*

3. LE VOYAGE & LES TRANSPORTS
Il viaggio & il trasporto

aéroport	*aeroporto*
agence de voyages	*agenzia viaggi*
aller (simple)	*(solo) andata*
après	*dopo*
arrêt	*fermata*
arrivées	*arrivi*
arriver	*arrivare*
attendre	*aspettare*
auberge de jeunesse	*ostello della gioventù*
autoroute	*autostrada*
avant	*prima*
avenue	*viale*
avion	*aereo*
bagages	*bagagli*
bateau	*barca*
bâtiment	*edificio*
billet	*biglietto*
bus	*autobus*
camion	*camion*
campagne	*campagna*
carrefour/croisement	*incrocio*
carte/plan	*cartina/piantina*

carte d'identité	*carta d'identità*
centre-ville	*centro città*
ceinture de sécurité	*cintura di sicurezza*
chercher	*cercare*
circulation/trafic	*circolazione/traffico*
composter	*convalidare*
conducteur	*conducente*
continuer	*seguire*
contrôleur	*controllore*
correspondance	*coincidenza*
couloir	*corridoio*
croisière	*crociera*
déclarer	*dichiarare*
départs	*partenze*
derrière	*dietro*
descendre	*scendere*
devant	*davanti*
distributeur de billets	*sportello bancomat*
douane	*dogana*
doubler	*superare*
droite	*destra*
embarquer	*imbarcare/imbarcarsi*
entrée	*entrata*
essence	*benzina*
fenêtre	*finestra*

feu	*semaforo*
freiner	*frenare*
gare	*stazione*
gauche	*sinistra*
guichet	*sportello*
guide	*guida*
hôtel	*hotel/albergo*
immeuble	*edificio*
impasse	*strada senza uscita/*
	vicolo cieco
indiquer	*indicare*
location de voiture	*noleggio auto*
loin	*lontano*
marcher	*camminare*
métro	*metro(politana)*
monter	*salire*
moteur	*motore*
moto	*moto*
navire	*nave*
office du tourisme	*ufficio del turismo*
panne	*guasto*
parc	*parco*
parking (place de)	*parcheggio*
partir	*partire*
passeport	*passaporto*

Français / Italien

payer	*pagare*
permis de conduire	*patente*
piste cyclable	*pista ciclabile*
place	*posto*
porte (d'embarquement)	*porta d'imbarco*
prendre	*prendere*
quai	*binario*
quitter	*lasciare*
reculer	*indietreggiare*
	spostare più indietro
réservation	*prenotazione*
réserver	*prenotare (una*
(une chambre, un billet)	*stanza, un biglietto)*
retirer	*ritirare*
retour	*ritorno*
rue	*via*
sac	*borsa*
se déplacer	*spostarsi*
se promener	*passeggiare*
siège	*sedile*
sortie	*uscita*
station	*fermata* (de bus),
	(de métro)
station-service	*stazione di servizio*
taxi	*taxi/tassì*

terminus	*capolinea*
ticket	*biglietto*
tourner	*girare*
tout droit	*sempre diritto*
train	*treno*
trains de banlieue	*treni extraurbani*
traverser	*attraversare*
trottoir	*marciapiede*
vaccin	vaccino
valise	*valigia*
vélo	*bici*
ville	*città*
voie	*via* (chemin, passage)
	carreggiata (voiture)
voiture	*vettura*
	macchina
	carrozza (train)
voler	*volare*
voyager	*viaggiare*
voyageur	*viaggiatore*
wagon	*vagone*
zone piétonne	*zona pedonale*

Expressions
À la gare
Je souhaiterais réserver un billet aller-retour.

> *Vorrei prenotare un biglietto*
> *andata e ritorno.*

Combien coûte un billet pour Rome ?

> *Quanto costa un biglietto per Roma?*

J'ai oublié de composter mon billet.

> *Ho dimenticato di convalidare*
> *il mio biglietto.*

À l'hôtel
Je voudrais réserver au nom de Durand
une chambre double pour trois nuits.

> *Vorrei prenotare a nome Durand*
> *una camera doppia per tre notti.*

À quel prix est la chambre ?

> *Quanto costa una camera?*

À quelle heure faut-il libérer les chambres ?

> *A che ora bisogna liberare le camere?*

4. LES BÂTIMENTS & LES LIEUX
Gli edifici & i luoghi

Français / Italien

ambassade	*ambasciata*
banlieue	*periferia*
banque	*banca*
bibliothèque	*biblioteca*
bureau	*ufficio*
cathédrale	*cattedrale*
centre-ville	*centro città*
commissariat	*commissariato*
château	*castello*
cimetière	*cimitero*
discothèque	*discoteca*
école	*scuola*
église	*chiesa*
exposition	*mostra*
gratte-ciel	*grattacielo*
hôpital	*ospedale*
hôtel de ville	*municipio*
librairie	*libreria*
magasin/boutique	*negozio*
mairie	*municipio*
marchand de journaux/kiosque à journaux	
	giornalaio/edicola

marché	*mercato*
musée	*museo*
opéra	*opera*
palais	*palazzo*
palais des sports	*palazzo dello sport*
parc	*parco*
piscine	*piscina*
place	*piazza*
poste	*posta*
poste de police	*polizia*
quartier	*quartiere*
salle de concert	*sala concerti*
stade	*stadio*
station-service	*stazione di servizio*
supermarché	*supermercato*
tour	*torre*
tribunal	*tribunale*
université	*università*
usine	*fabbrica*
vieille ville	*città vecchia*
ville	*città*

Français / Italien

Expressions

Où est le bureau de poste le plus proche ?

Dove si trova l'ufficio postale più vicino?

Pourriez-vous m'indiquer le chemin le plus court pour aller au commissariat ?

Potrebbe indicarmi la strada più corta per andare al commissariato?

Excusez-moi, je cherche la place del Duomo.

Scusi, cerco la piazza del Duomo.

5. LA NOURRITURE & LE RESTAURANT
Il cibo & il ristorante

agneau	*agnello*
ail	*aglio*
aile	*ala*
amande	*mandorla*
ananas	*ananas*
anchois	*acciuga*
apéritif	*aperitivo*
artichaut	*carciofo*
asperge	*asparago*
assiette	*piatto*
aubergine	*melanzana*
banane	*banana*
basilic	*basilico*
beurre	*burro*
bière	*birra*
biscotte	*fetta biscottata*
biscuit	*biscotto*
blé	*grano*
bœuf	*manzo*
boire	*bere*
boisson	*bibita/bevanda*
bonbon	*caramella*

bouteille	*bottiglia*
cacahuète	*nocciolina americana*
	arachide
café	*caffè*
calamar	*calamaro*
canard	*anatra*
carotte	*carota*
céleri	*sedano*
céréales	*cereali*
cerise	*ciliegia*
champignon	*fungo*
chantilly	*panna montata*
charcuterie	*salumi*
cher	*costoso*
chèvre	*capra*
chewing-gum	*gomma da masticare*
	chewing-gum
chocolat	*cioccolata*
chou-fleur	*cavolfiore*
chou	*cavolo*
citron	*limone*
client	*cliente*
cochon	*maiale*
colin	*merluzzo*
commander	*ordinare*

concombre	*cetriolo*
cornichon	*cetriolino (sott'aceto)*
côtelette	*cotoletta*
couper	*tagliare*
courgette	*zucchina*
couteau	*coltello*
crème	*panna*
crevette rose	*gamberetto*
cru	*crudo*
cuillère	*cucchiaio*
cuire	*cuocere*
cuisiner	*cucinare*
cuisinier/cuisinière	*cuoco/cuoca*
cuisse	*coscia*
cuit	*cotto*
déjeuner	*pranzo/pranzare*
dessert	*dolce*
digérer	*digerire*
dîner	*cena*
eau (gazeuse/plate)	*acqua (gassata/liscia)*
entrée	*primo*
épicé	*piccante*
épinards	*spinaci*
escalope	*scaloppina*

Français / Italien

faim (avoir)	*fame (avere)*
farine	*farina*
fécule	*fecola*
fèves	*fave*
filet	*filetto*
fourchette	*forchetta*
fraise	*fragola*
framboise	*lampone*
fruit	*frutto*
gâteau	*torta*
glace	*gelato*
gratuit	*gratuito*
haricot blanc/rouge	*fagiolo bianco/rosso*
haricot vert	*fagiolino*
hors d'œuvre	*antipasti*
huile (d'olive/d'arachide)	*olio (d'oliva d'arachide)*
huîtres	*ostriche*
immangeable	*immangiabile*
jambon	*prosciutto*
jus	*succo*
kiwi	*kiwi*
lait	*latte*
langouste	*aragosta*
lapin	*coniglio*

légumes	*verdura*
lotte	*coda di rospo*
loup-de-mer/bar	*branzino/spigola*
maïs	*mais/gran(o)turco*
manger	*mangiare*
melon	*melone*
merlan	*nasello*
morceau de gâteau	*pezzo di torta*
morue	*baccalà/merluzzo*
moule	*cozza*
mouton	*pecora*
mûr	*maturo*
mûre	*mora*
navet	*rapa*
noisette	*nocciola*
noix	*noce*
noix de coco	*noce di cocco*
œuf	*uovo*
oignon	*cipolla*
olive	*oliva*
omelette	*omelette/frittata*
orange	*arancia*
origan	*origano*
pain	*pane*
pastèque	*anguria*

Français / Italien

pâtes	*pasta*
pêche	*pesca*
petit déjeuner	*(prima) colazione*
petit pois	*pisello*
pignon	*pinolo*
piment	*peperoncino*
pizzeria	*pizzeria*
plat principal	*secondo*
poire	*pera*
poireau	*porro*
pois chiches	*ceci*
poisson	*pesce*
poivre	*pepe*
poivron	*peperone*
pomme	*mela*
pomme de terre	*patata*
porc	*maiale*
poulet	*pollo*
pourboire	*mancia*
prune	*prugna*
raisin	*uva*
repas	*pasto*
riz	*riso*
salade	*insalata*
sandwich	*panino*

sardine	*sardina*
saucisse	*salsiccia*
saumon	*salmone*
seiche	*seppia*
sel	*sale*
serveur/serveuse	*cameriere/cameriera*
soif (avoir)	*sete (avere)*
soupe	*minestra*
sucre	*zucchero*
table	*tavolo* (meuble)
	tavola (repas)
tasse	*tazza*
thé	*tè*
thon	*tonno*
tomate	*pomodoro*
tournesol	*girasole*
tranche	*fetta*
veau	*vitello*
verre	*bicchiere*
viande	*carne*
vin	*vino*
vinaigre	*aceto*

Français / Italien

Types de restaurant qu'on peut trouver en Italie:

Bar-caffè: bar
La plupart des bars servent aussi à manger : généralement des salades, des sandwiches, des pâtes et des pizzas.

Pizzeria: pizzéria
La pizza à emporter (*pizza da asporto*) est en train de devenir à la mode.

Pasticceria: pâtisserie
Dans les pâtisseries, on vous sert dans la plupart des cas un café avec votre pâtisserie.

Trattoria: Auberge
Petits restaurants souvent de gestion familiale, où on sert des plats simples avec des produits locaux.

Au bar/au café en Italie:
Les Italiens sont des vrais spécialistes du café. Si vous commandez un café, on vous servira automatiquement un expresso. Il est donc recommandé de spécifier le type de café que vous souhaitez:

caffè ristretto	café serré
caffè americano	café américain
caffè corretto	café avec de la grappa
caffè lungo	café allongé
caffe(l)latte	café au lait

Français / Italien

caffè macchiato	expresso avec du lait chaud et de la mousse de lait
cappuccino	expresso dans une grande tasse avec ajout de lait que l'on a fait chauffer à la vapeur jusqu'à le faire mousser
espresso	expresso

Expressions

Je voudrais de l'eau gazeuse, s'il vous plaît.
   Vorrei dell'acqua gassata, per favore.
Qu'est-ce que vous recommandez?
   Cosa mi/ci consiglia?
Une table pour deux, s'il vous plaît!
   Un tavolo per due, per favore!
Avez-vous un menu en français?
   Ha un menù in francese?
L'addition, s'il vous plaît!
   Il conto, per favore!
Je n'aime pas les épinards.
   Non mi piacciono gli spinaci.

6. LES NOMBRES, LES MESURES & LE TEMPS
I numeri, le misure & il tempo

Les nombres cardinaux
I numeri cardinali

0 *zero*	16 *sedici*
1 *uno*	17 *diciassette*
2 *due*	18 *diciotto*
3 *tre*	19 *diciannove*
4 *quattro*	20 *venti*
5 *cinque*	21 *ventuno*
6 *sei*	32 *trentadue*
7 *sette*	43 *quarantatré*
8 *otto*	54 *cinquantaquattro*
9 *nove*	65 *sessantacinque*
10 *dieci*	76 *settantasei*
11 *undici*	87 *ottantasette*
12 *dodici*	98 *novantotto*
13 *tredici*	100 *cento*
14 *quattordici*	1 000 *mille*
15 *quindici*	1 000 000 *un milione*

Français / Italien

Les nombres ordinaux
I numeri ordinali
primo, secondo, terzo, quarto, quinto, sesto, settimo, ottavo, nono, decimo, undicesimo
(après dix on ajoute au chiffre la désinence
–esimo)

Les dimensions & les mesures
Le dimensioni & le misure

centimètre	*centimetro*
court	*corto*
étroit	*stretto*
grammes	*grammi*
grand	*grande*
kilo	*chilo*
kilomètre	*chilometro*
large	*largo*
long	*lungo*
mètre	*metro*
petit	*piccolo*
peu	*poco*
profond	*profondo*

Le temps
Il tempo

an/année	*anno*
annuel	*annuale*
après-midi	*pomeriggio*
aujourd'hui	*oggi*
ce soir	*stasera*
demain	*domani*
hebdomadaire	*settimanale*
heure	*ora*
hier	*ieri*
instant	*istante*
jour	*giorno*
journalier	*giornaliero*
lendemain	*indomani*
matin/matinée	*mattina/mattinata*
mensuel	*mensile*
midi	*mezzogiorno*
minuit	*mezzanotte*
minute	*minuto*
mois	*mese*
montre	*orologio*
nuit	*notte*
rendez-vous	*appuntamento*
réveil	*sveglia*

Français / Italien

seconde	*secondo*
siècle	*secolo*
tard	*tardi*
tempo (durée)	*tempo*
tôt	*presto*
veille	*vigilia*
week-end	*fine settimana*
	week-end

Les jours de la semaine
I giorni della settimana
lunedì, martedì, mercoledì, giovedì, venerdì, sabato, domenica

Les saisons
Le stagioni
primavera, estate, autunno, inverno

Les mois
I mesi
gennaio, febbraio, marzo, aprile, maggio, giugno, luglio, agosto, settembre, ottobre, novembre, dicembre

L'heure
L'ora

Il est deux heures.

> *Sono le due.*

Il est deux heures et demie.

> *Sono le due e mezza.*

Il est deux heures et quart.

> *Sono le due e un quarto.*

Il est trois heures moins le quart.

> *Sono le tre meno un quarto.*

Il est deux heures dix.

> *Sono le due e dieci.*

Il est deux heures moins vingt.

> *Sono le due meno venti.*

7. LA MAISON
La casa

Français / Italien

adresse	*indirizzo*
ameublement	*arredamento*
ampoule	*lampadina*
appartement	*appartamento*
armoire	*armadio*
ascenseur	*ascensore*
baignoire	*vasca da bagno*
bail	*affitto*
balcon	*balcone*
boîte aux lettres	*cassetta della posta*
bureau (meuble)	*scrivania*
canapé	*divano*
cave	*cantina*
chaise	*sedia*
chambre	*camera*
charges	*spese*
chaudière	*caldaia*
chauffage	*riscaldamento*
clé	*chiave*
climatisation	*climatizzazione*
confortable	*confortevole*
couloir	*corridoio*

cour	*cortile*
coussin	*cuscino*
couverture	*coperta*
cuisine	*cucina*
débarras	*ripostiglio*
douche	*doccia*
drap	*lenzuolo*
ensoleillé	*soleggiato*
entrée	*entrata*
escalier	*scala*
étage	*piano*
étagère	*scaffale*
évier	*lavandino*
facture (de gaz, d'électricité)	*bolletta (del gas, della luce)*
fenêtre	*finestra*
fer à repasser	*ferro da stiro*
fonctionner	*funzionare*
four	*forno*
frigo	*frigo(rifero)*
grenier	*soffitta*
housse	*fodera*
jardin	*giardino*
lampe	*lampada*
lave-linge	*lavatrice*

lave-vaisselle	*lavastoviglie*
libérer	*liberare*
lit (simple, double)	*letto (singolo, matrimoniale)*
locataire	*inquilino*
logement	*alloggio*
louer	*affittare*
loyer	*affitto*
lumière	*luce*
lumineux	*luminoso*
matelas	*materasso*
meublé	*ammobiliato*
meubles	*mobili*
nappe	*tovaglia*
nettoyer	*pulire*
placard	*armadio*
place de parking	*parcheggio*
plafond	*soffitto*
portail	*portale*
porte	*porta*
poubelle	*bidone dell' immondizia pattumiera*
prise	*presa*
propriétaire	*proprietario*

réfrigérateur	*frigorifero*
repasser	*stirare*
rester	*stare*
rez-de-chaussée	*pianoterra*
rideau	*tenda*
salle à manger	*sala da pranzo*
salle de bains	*bagno*
salon/salle de séjour	*salotto*
serviette de bain	*asciugamano*
sol	*pavimento*
téléphone	*telefono*
télévision	*televisione*
terrasse	*terrazza*
toilettes	*servizi/bagno*
toit	*tetto*

8. LES COURSES & L'ARGENT
La spesa & i soldi

Français / Italien

acheter	*comprare*
acheteur	*acquirente*
acompte	*acconto*
bon marché	*a buon mercato*
cabine d'essayage	*camerino*
carte de crédit	*carta di credito*
centime	*centesimo*
centre commercial	*centro commerciale*
change	*cambio*
chèque	*assegno*
cher	*costoso*
client	*cliente*
commander	*ordinare*
courses (faire les)	*spesa (fare la)*
coût/coûter	*costo/costare*
dépenser	*spendere*
déposer	*depositare*
distributeur	*distributore*
économies (faire des)	*risparmiare*
essayer	*provare*
fermer/fermé	*chiudere/chiuso*
frais/coûts	*costi*

grand magasin	*grande magazzino*
heures d'ouverture	*orario d'apertura*
liquide (argent)	*contanti*
magasin	*negozio*
monnaie/petite monnaie	*moneta/spiccioli*
montant	*tariffa*
ouvrir/ouvert	*aprire/aperto*
payer/payement	*pagare/pagamento*
prendre un crédit	*prendere un credito*
prix	*prezzo*
promotion	*promozione*
réduction	*riduzione*
retirer de l'argent	*ritirare dei soldi*
soldes	*svendita*
ticket de caisse	*scontrino*
transférer de l'argent	*trasferire dei soldi*
vendeur/vendeuse	*commesso/commessa*
virement bancaire	*bonifico bancario*
vitrine	*vetrina*

Expressions

Je voudrais ouvrir un compte.
> *Vorrei aprire un conto.*

Ça coûte combien ?
> *Quanto costa?*

Désolé, je n'ai pas de monnaie.
> *Mi dispiace, non ho spiccioli.*

Je voudrais essayer ce pull.

Où sont les cabines d'essayage ?
> *Vorrei provare questo maglione.*
> *Dove sono i camerini?*

9. LES VÊTEMENTS, LES ACCESSOIRES & LES COULEURS
I vestiti, gli accessori & i colori

bague	*anello*
baskets	*scarpe da ginnastica*
bottes	*stivali*
bracelet	*braccialetto*
ceinture	*cintura*
changer (se)	*cambiarsi*
chapeau	*cappello*
chaussette	*calzino*
chaussure	*scarpa*
chemise	*camicia*
chemisier	*camicetta*
collants	*calze*
collier	*collana*
costume	*completo / abito*
cravate	*cravatta*
écharpe	*sciarpa*
enlever (un vêtement)	*togliere*
essayer (un vêtement)	*provare*
fermeture éclair	*chiusura lampo*
gants	*guanti*
habiller (s')	*vestirsi*

Français / Italien

imperméable	*impermeabile*
jupe	*gonna*
lunettes (de soleil)	*occhiali (da sole)*
manteau	*cappotto*
pantalon	*pantaloni*
parapluie	*ombrello*
poche	*tasca*
porte-monnaie	*portamonete/borsellino*
porter (un vêtement)	*indossare*
pull	*maglione/pullover*
robe	*vestito*
sac (à main)	*borsa/borsetta*
short	*pantaloncini*
soutien-gorge	*reggiseno*
sweat	*felpa*
veste	*giacca*

Les couleurs

blanc	*bianco*	orange	*arancione*
bleu	*blu*	rose	*rosa*
gris	*grigio*	rouge	*rosso*
jaune	*giallo*	vert	*verde*
marron	*marrone*	violet	*viola*
noir	*nero*		

Expressions

C'est trop grand/petit/serré/large.
> *È troppo grande/piccolo/stretto/largo.*

Je souhaiterais une taille plus grande.
> *Vorrei una taglia più grande.*

La robe noire te va bien.
> *Il vestito nero ti sta bene.*

Français / Italien

10. LE SPORT & LES LOISIRS
Lo sport & il tempo libero

appareil photo	*macchina fotografica*
baigner (se)	*fare il bagno*
ballon	*pallone*
bande dessinée	*fumetto*
basket-ball	*pallacanestro*
bateau	*barca*
boîte de nuit	*discoteca*
chant	*canto*
cinéma	*cinema*
club	*club*
collectionner des timbres	*collezionare i francobolli*
complet	*completo*
	tutto esaurito (théâtre)
concert	*concerto*
courir	*correre*
danser	*ballare*
dessiner	*disegnare*
échecs (jouer aux)	*scacchi (giocare a)*
écouter	*ascoltare*
équipe	*squadra*
équitation	*equitazione*
exposition	*mostra*

football	*calcio*
gagner	*vincere*
handball	*pallamano*
inviter	*invitare*
jeu	*gioco*
journal	*giornale*
lecture	*lettura*
lire	*leggere*
livre	*libro*
magazine	*rivista*
marcher	*camminare*
match	*partita*
mer	*mare*
musée	*museo*
nager	*nuotare*
natation	*nuoto*
palmes	*pinne*
perdre	*perdere*
piscine	*piscina*
piste	*pista*
plage	*spiaggia*
plein	*pieno*
plongée	*immersione*
promener (se)	*fare una passeggiata*
queue	*coda*

randonnée	*gita*
raquette	*racchetta*
reposer (se)	*riposarsi*
revue	*rivista*
sentier	*sentiero*
sieste	*siesta*
ski/faire du ski	*sci/sciare*
spectacle	*spettacolo*
sport	*sport*
stade	*stadio*
tennis	*tennis*
tuba	*boccaglio*
vague	*onda*
verre (boire un)	*prendere un bicchiere*
volley-ball	*pallavolo*

Français / Italien

Expressions
Combien ça coûte par heure ?
  Quanto costa all'ora?
Où (quelle) est la plage la plus proche ?
  Qual è la spiaggia più vicina?
Quel sport peut-on pratiquer ici ?
  Quale sport si può praticare qui?
C'est combien l'entrée/la place ?
  Quanto costa l'entrata/un biglietto?

11. LA NATURE & LA MÉTÉO
La natura & il meteo

arbre	*albero*
averse	*rovescio di pioggia*
bois	*bosco*
brise (vent)	*brezza*
brouillard	*nebbia*
campagne	*campagna*
champ	*campo*
chaud	*caldo*
ciel	*cielo*
clair	*chiaro*
climat	*clima*
colline	*collina*
coucher du soleil	*tramonto*
degré	*grado*
désert	*deserto*
doux	*mite*
éclair	*fulmine*
ensoleillé	*soleggiato*
étoile	*stella*
fleur	*fiore*
forêt	*foresta*
frais	*fresco*

froid	*freddo*
gelé	*gelido*
geler	*gelare*
givre	*brina*
glace	*ghiaccio*
gouttes de pluie	*gocce di pioggia*
grêle	*grandine*
herbe	*erba*
humide	*umido*
île	*isola*
lac	*lago*
lever du soleil	*alba*
lune	*luna*
mer	*mare*
montagne	*montagna*
neige/neiger	*neve/nevicare*
nuage	*nuvola*
nuageux	*nuvoloso*
ombre	*ombra*
orage	*temporale*
plage	*spiaggia*
pluie/pleuvoir	*pioggia/piovere*
prévision météorologique	*previsioni meteorologiche*
rivière	*fiume*

sec	*secco*
soleil	*sole*
souffler (vent)	*soffiare*
température	*temperatura*
tempête	*tempesta*
tonnerre	*tuono*
variable	*variabile*
végétation	*vegetazione*
vent	*vento*

Français / Italien

Expressions

Quel temps fera-t-il demain?
> *Che tempo farà domani?*

Hier, il a plu toute la journée.
> *Ieri èlha piovuto tutto il giorno.*

Il neige!
> *Sta nevicando!*

As-tu regardé les prévisions pour demain?
> *Hai guardato le previsioni del tempo per domani?*

13. LE CORPS & LA SANTÉ
Il corpo & la salute

bouche	*bocca*
bras	*braccio*
brûler	*bruciare*
casser (se)	*rompersi*
cheville	*caviglia*
cœur	*cuore*
colonne vertébrale	*spina dorsale*
cou	*collo*
coupure	*taglio*
dent	*dente*
docteur	*dottore*
doigt	*dito*
dos	*schiena*
douleur	*dolore*
épaule	*spalla*
estomac	*stomaco*
fièvre	*febbre*
genou	*ginocchio*
gorge	*gola*
grippe	*influenza*
infirmier	*infermiere*
jambe	*gamba*

Français / Italien

langue	*lingua*
lèvres	*labbra*
main	*mano*
mal à la tête	*mal di testa*
mal au ventre	*mal di pancia*
malade	*ammalato(-a)*
médicament	*farmaco*
nez	*naso*
œil	*occhio*
ongle	*unghia*
oreille	*orecchio*
peau	*pelle*
pharmacie	*farmacia*
pied	*piede*
régime	*dieta*
rein	*rene*
respirer	*respirare*
rhume	*raffreddore*
rougeole	*morbillo*
tête	*testa*
tomber	*cadere*
toux	*tosse*
ventre	*pancia*
visage	*faccia*

Français / Italien

Expressions

Je suis malade.
> *Sono ammalato(-a).*

J'ai besoin d'un médecin.
> *Ho bisogno di un medico.*

J'ai mal ici.
> *Mi fa male qui.*

Je me sens mal.
> *Mi sento male.*

J'ai envie de vomir.
> *Mi viene da vomitare.*

Je vais m'évanouir.
> *Sto per svenire.*

J'ai de la diarrhée.
> *Ho la diarrea.*

Je suis blessé.
> *Sono ferito.*

Je saigne.
> *Sto sanguinando.*

J'ai de la fièvre.
> *Ho la febbre.*

13. LE TRAVAIL & LES ÉTUDES
Il lavoro & gli studi

acteur/actrice	*attore/attrice*
affaires	*affari*
agenda	*agenda*
annuler	*cancellare*
appel	*chiamata*
apprendre	*imparare/insegnare*
baccalauréat	*esame di maturità*
bureau	*ufficio*
cahier	*quaderno*
certificat	*certificato*
chef	*capo*
chômage	*disoccupazione*
classe	*classe*
collège	*scuola media*
copier	*copiare*
courriel	*posta elettronica/mail*
cours	*corso*
devoirs	*compiti*
diplôme	*diploma/laurea*
directeur	*direttore*
dossier	*cartella*
échouer	*fallire*

Français / Italien

école	*scuola*
électricien	*elettricista*
embaucher	*assumere*
employé	*impiegato*
étudiant	*studente*
examen	*esame*
exercice	*esercizio*
facteur	*postino*
femme au foyer	*casalinga*
fichier	*file*
finir/terminer	*finire/portare a termine*
fonctionnaire	*funzionario*
gérer	*gestire*
grève	*sciopero*
horaires	*orari*
indépendant	*indipendente*
journée de travail	*giornata di lavoro*
licencier	*licenziare*
lycée	*liceo*
matière	*materia*
médecin	*medico*
mention bien/assez bien	*buono/discreto*
mention passable	*sufficiente*
mention très bien	*distinto*
métier	*mestiere*

ouvrier	*operaio*
patron	*padrone*
paye	*paga*
plombier	*idraulico*
professeur	*professore*
	professoressa
recherche	*ricerca*
rédiger	*redigere*
redoubler	*ripetere*
retraite	*pensione*
retraité	*pensionato*
salaire	*stipendio*
sans emploi	*senza lavoro*
	disoccupato
secrétaire	*segretario/a*
travailler	*lavorare*
usine	*fabbrica*
vendeur/vendeuse	*commesso/ commessa*

Français / Italien

Expressions

Je suis chômeur.

Sono disoccupato.

Je cherche un travail.

Cerco un lavoro.

J'aime étudier.

Mi piace studiare.

Je gagne deux mille euros par mois.

Guadagno duemila euro al mese.

14. LES MÉDIAS & LES MOYENS DE COMMUNICATION
I media & i mezzi di comunicazione

Français / Italien

animateur	*animatore*
appeler quelqu'un	*chiamare qualcuno*
article	*articolo*
carte postale	*cartolina postale*
citer	*citare*
conversation téléphonique	*conversazione telefonica*
édition	*edizione*
émission	*trasmissione*
enquêter	*indagare*
envoyer un SMS	*spedire un SMS*
film	*film*
indicatif	*prefisso*
information	*informazione*
informations	*notizie*
informer	*informare*
interview	*intervista*
journal	*giornale*
journaliste	*giornalista*
laisser un message	*lasciare un messaggio*
lettre	*lettera*
messagerie	*segreteria telefonica*

occupé	*occupato*
opinion	*opinione*
ordinateur	*computer*
petite annonce	*annuncio*
pièce jointe	*allegato*
portable	*cellulare/telefonino* (téléphone)
	portatile (ordinateur)
programme	*programma*
publicité	*pubblicità*
publier	*pubblicare*
raccrocher	*riagganciare il telefono*
radio	*radio*
rappeler quelqu'un	*richiamare qualcuno*
rédacteur	*redattore*
regarder la télé	*guardare la televisione*
revue	*rivista*
se connecter à internet	*connettersi a internet*
source	*fonte*
souris	*mouse*
télécharger	*scaricare*
télégramme	*telegramma*
téléphone	*telefono*
télévision	*televisione*

POUR TOUT COMPRENDRE
La partie italien / français

Les expressions utiles en italien
*classées par thèmes et traduites
en français*

Italien / Français

1. L'essenziale
   L'essentiel
2. La gente & la famiglia
   Les gens & la famille
3. Il viaggio & il trasporto
   Le voyage & le transport
4. Gli edifici & i luoghi
   Les bâtiments & les lieux
5. Il cibo & il ristorante
   La nourriture & le restaurant
6. I numeri, le misure & il tempo
   Les nombres, les mesures & le temps
7. La casa
   La maison
8. La spesa & i soldi
   Les courses & l'argent
9. I vestiti & gli accessori
   Les vêtements & les accessoires
10. Lo sport & il tempo libero
    Le sport & les loisirs
11. La natura & il meteo
    La nature & la météo
12. Il corpo & la salute
    Le corps & la santé

Italien / Français

13. Il lavoro & gli studi
    Le travail & les études
14. I media & i mezzi di comunicazione
    Les médias & les moyens de communication

1. L'ESSENZIALE
L'essentiel

Come ti chiami?
  Comment t'appelles-tu ?
Chi sei?
  Qui es-tu ?
Da dove vieni?
  D'où viens-tu ?
Dove è nato?
  Où êtes-vous né ?
Dove vivi?
  Où vis-tu ?
Sono francese.
  Je suis français(e).
Parla italiano?
  Parlez-vous l'italien ?
Non capisco.
  Je ne comprends pas.
Potrebbe parlare più lentamente?
  Pourriez-vous parler plus lentement ?
Ti presento …
  Je te présente…
Quanti anni hai?
  Quel âge as-tu ?

Italien / Français

Come stai?
> *Comment vas-tu ?*

Sto bene/male.
> *Je vais bien/mal.*

A domani!
> *À demain!*

A dopo!
> *À tout à l'heure!*

Attention!

L'équivalent de «Bonjour, (comment) ça va?» est *Buongiorno, come va?* ou *Buongiorno, tutto bene?*
La réponse est *Va bene* ou *Sì, tutto bene!*

2. LA GENTE & LA FAMIGLIA
Les gens & la famille

Il nome di mia mamma è…
> *Le prénom de ma mère est…*

Qual è il tuo cognome?
> *Quel est ton nom de famille ?*

Quanti fratelli hai?
> *Combien de frères as-tu ?*

Quanti figli avete?
> *Combien d'enfants avez-vous ?*

3. IL VIAGGIO & IL TRASPORTO
Le voyage & le transport

Il volo è cancellato.
Le vol est supprimé.
Imbarco immediato.
Embarquement immédiat.
La tua macchina ha un guasto.
Ta voiture a une panne.
Il prossimo bus passa tra 5 minuti.
Le prochain bus passe dans 5 minutes.
Allacciate le cinture.
Attachez vos ceintures.

4. GLI EDIFICI & I LUOGHI
Les bâtiments & les lieux

Il municipio si trova in centro.
> *La mairie se trouve dans le centre-ville.*

Mi scusi, dove posso trovare un negozio d'abbiglia-mento?
> *Excusez-moi, où est-ce que je peux trouver une boutique de vêtements ?*

Mi piace molto questa piazza.
> *J'aime beaucoup cette place.*

Quali musei ci consiglia di visitare?
> *Quels musées nous conseillez-vous de visiter ?*

La stazione è a pochi metri da qui.
> *La gare se trouve à quelques mètres d'ici.*

Italien / Français

5. IL CIBO & IL RISTORANTE
La nourriture & le restaurant

Cosa prendi?
   Que prends-tu ?
Avete deciso?
   Avez-vous décidé ?
No, non ancora.
   Non, pas encore.
Vi consiglio…
   Je vous conseille…
Hai bisogno di una fattura?
   Veux-tu une facture ?
Desiderate altro?
   Voudriez-vous autre chose ?

6. I NUMERI, LE MISURE & IL TEMPO
Les nombres, les mesures & le temps

A che ora suona la tua sveglia?
À quelle heure as-tu mis ton réveil à sonner?
Stiamo al quarto piano.
Nous sommes au quatrième étage.
Il numero 123 è da questa parte.
Le n° 123 est de ce côté.
Siamo a cinque chilometri da…
Nous sommes à cinq kilomètres de…
Ti metto tutto nella borsa?
Je (te) mets tout dans ton sac?

Italien / Français

7. LA CASA
La maison

L'appartamento è molto luminoso.
L'appartement est très lumineux.
La camera da letto si trova al primo piano.
La chambre se trouve au premier étage.
L'affitto è carissimo/ragionevole.
Le loyer est très élevé/raisonnable.
Abbiamo prenotato un appartamento per due
settimane.
*Nous avons réservé un appartement pour deux
semaines.*
Bisogna accendere il riscaldamento.
Il faut allumer le chauffage.

8. LA SPESA & I SOLDI
Les courses & l'argent

Altro?

Et avec ça ?

Come paghi ? Con la carta di credito o in contanti?

Comment payes-tu? Avec ta carte ou en espèces?

Quanti ne vuoi?

Combien en veux-tu ?

Non accettiamo carte di credito.

Nous ne prenons pas les cartes de crédit.

La tua carta è respinta.

Ta carte est refusée.

Hai spiccioli?

As-tu de la monnaie ?

Un documento di conoscimento, per favore.

Une pièce d'identité, s'il vous plaît.

È esaurito.

C'est épuisé.

La prego di compilare il modulo per prelevare i soldi.

S'il vous plaît, remplissez un formulaire de retrait.

9. I VESTITI & GLI ACCESSORI
Les vêtements & les accessoires

Le taglie vanno dalla 38 alla 46.
Les tailles vont du 36 au 44.
Questa camicetta va bene con la gonna nera.
Ce chemisier va bien avec la jupe noire.
La nuova collezione è appena uscita.
La nouvelle collection vient de sortir.
Questo colore ti dona/ti sta bene.
Cette couleur te met bien en valeur/te va bien.
Ho lavato e stirato la tua camicia.
J'ai lavé et repassé ta chemise.

10. LO SPORT & IL TEMPO LIBERO
Le sport & les loisirs

Noleggiamo attrezzatura.
Nous louons du matériel.
Mi piacerebbe giocare a tennis.
J'aimerais jouer au tennis.
Hai voglia di giocare a carte?
T'as envie de jouer aux cartes?
Non sono molto sportiva.
Je ne suis pas très sportive.

11. LA NATURA & IL METEO
La nature & la météo

Mettiti un maglione, fa freddo!
   Mets un pull, il fait froid!
Che caldo!
   Quelle chaleur!
Le temperature possono scendere a meno 5 gradi.
   Les températures peuvent chuter jusqu'à moins
   5 degrés.
Il vento che soffia è molto forte.
   Le vent qui souffle est très fort.

12. IL CORPO & LA SALUTE
Le corps & la santé

Dove hai male?
> *Où as-tu mal?*

Hai la febbre?
> *As-tu de la fièvre?*

Stai prendendo dei medicinali?
> *Est-ce que tu prends des médicaments?*

Sei allergico a qualche cosa?
> *Es-tu allergique à quelque chose?*

Curati!
> *Soigne-toi!*

Prendi queste pastiglie per la tosse.
> *Prends ces pastilles pour la toux.*

13. IL LAVORO & GLI STUDI
Le travail & les études

L'ufficio del capo è in fondo a destra.
Le bureau du chef est au fond à droite.
Dove lavori?
Où travailles-tu ?
Ti piace studiare?
Aimes-tu étudier ?
Quanto guadagni al mese?
Combien gagnes-tu par mois ?
Faccio un lavoro part-time.
Je travaille à mi-temps.

14. I MEDIA & I MEZZI DI COMUNICAZIONE
Les médias & les moyens de communication

Potresti mandarmi una mail con tutte le informazioni in allegato?

> *Pourrais-tu m'envoyer un mail avec toutes les informations en pièce jointe?*

Ho già chiamato più volte. È sempre occupato.
Le mando una SMS.

> *J'ai déjà appelé plusieurs fois. C'est toujours occupé.*
> *Je lui envoie un texto.*

Ieri sera c'era una trasmissione molto interessante su RAI Uno. L'ho registrata, perché sono uscita con un'amica.

> *Hier soir il y avait une émission très intéressante sur TF1. Je l'ai enregistré parce que j'étais sortie avec une amie.*

La nostra conversazione telefonica è stata interrotta. Devo richiamarlo d'urgenza.

> *Notre conversation téléphonique a été interrompue.*
> *Il faut que je le rappelle en urgence.*

Potresti controllare se è arrivata una lettera per me?

> *Pourrais-tu vérifier s'il y a une lettre pour moi ?*

Italien / Français

Les mots italiens
en liste alphabétique
et traduits en français

A

acciuga	*anchois*
accogliere	*accueillir*
aceto	*vinaigre*
acqua (gassata/liscia)	*eau (gazeuse/plate)*
adolescente	*adolescent*
adulto	*adulte*
aereo	*avion*
aeroporto	*aéroport*
affari	*affaires*
affittare	*louer*
affitto	*bail / loyer*
agenda	*agenda*
agenzia viaggi	*agence de voyages*
aglio	*ail*
agnello	*agneau*
agosto	*août*
ala	*aile*
alba	*lever du soleil*
albero	*arbre*
alloggio	*logement*
ambasciata	*ambassade*
amico	*ami*
ammalato(-a)	*malade*
ammobiliato	*meublé*

Italien / Français

ananas	*ananas*
anatra	*canard*
(solo) andata	*aller simple*
anello	*bague*
anguria	*pastèque*
anno	*an/année*
annuale	*annuel*
antipasti	*hors d'œuvre*
aperitivo	*apéritif*
appartamento	*appartement*
appuntamento	*rendez-vous*
aprile	*avril*
aprire/aperto	*ouvrir/ouvert*
aragosta	*langouste*
arancione	*orangé*
aria condizionata	*climatisation*
armadio	*armoire/placard*
arrivare	*arriver*
arrivi	*arrivées*
ascensore	*ascenseur*
asciugamano	*serviette de bain*
ascoltare	*écouter*
asparago	*asperge*
aspettare	*attendre*
assegno	*chèque*

assumere	*embaucher*
attore/attrice	*acteur/actrice*
attraversare	*traverser*
autobus	*bus*
autostrada	*autoroute*
autunno	*automne*

B

baccalà/merluzzo	*morue*
bagaglio	*bagage*
bagno	*salle de bains*
ballare	*danser*
bambino	*enfant/fils*
banana	*banane*
banca	*banque*
barca	*bateau*
basilico	*basilic*
bebè	*bébé*
bene/discreto	*(mention) bien*
	assez bien
benvenuto	*bienvenu*
benzina	*essence*
bere	*boire*
biancheria	*lingerie*
bianco	*blanc*

Italien / Français

bibita/bevanda	*boisson*
biblioteca	*bibliothèque*
bicchiere	*verre*
bici	*vélo*
biglietto	*billet/ticket*
binario	*quai*
birra	*bière*
biscotto	*biscuit*
blu	*bleu*
bocca	*bouche*
boccaglio	*tuba*
bolletta (del gas, della luce)	*facture (de gaz, d'électricité)*
bonifico bancario	*virement bancaire*
borsa/borsetta	*sac (à main)*
bosco	*bois*
bottiglia	*bouteille*
braccio	*bras*
branzino	*loup-de-mer*
brezza	*brise (vent)*
bruciare	*brûler*
buon mercato	*bon marché*
burro	*beurre*

C

cadere	*tomber*
caffè	*café*
calamaro	*calamar*
calcio	*football*
caldaia	*chaudière*
caldo	*chaud*
calze	*collants*
cambiarsi	*changer (se)*
cambio	*change*
camera	*chambre*
cameriere/cameriera	*serveur/serveuse*
camerino	*cabine d'essayage*
camicia	*chemise*
camion	*camion*
camminare	*marcher*
campagna	*campagne*
campo	*champ*
cancellare	*annuler*
canto	*chant*
capo	*chef*
capolinea	*terminus*
cappello	*chapeau*
cappotto	*manteau*
capra	*chèvre*

Italien / Français

caramella	*bonbon*
carciofo	*artichaut*
carne	*viande*
carota	*carotte*
carta d'identità	*carte d'identité*
carta di credito	*carte de crédit*
cartella	*dossier*
cartina/piantina	*carte/plan*
casalinga	*femme au foyer*
castello	*château*
cattedrale	*cathédrale*
caviglia	*cheville*
cavolfiore	*chou-fleur*
cavolo	*chou*
ceci	*pois chiches*
celibe (*homme*)/nubile (*femme*)	*célibataire*
cena	*dîner*
centesimo	*centime*
centimetro	*centimètre*
centro città	*centre-ville*
centro commerciale	*centre commercial*
cercare	*chercher*
cereali	*céréales*
certificato	*certificat*
cetriolino	*cornichon*

chiamata	*appel*
chiaro	*clair*
chiave	*clé*
chiesa	*église*
chilo	*kilo*
chilometro	*kilomètre*
chiudere/chiuso	*fermer/fermé*
cielo	*ciel*
ciliegia	*cerise*
cimitero	*cimetière*
cinema	*cinéma*
cintura	*ceinture*
cintura di sicurezza	*ceinture de sécurité*
cioccolata	*chocolat*
cipolla	*oignon*
circolazione/traffico	*circulation/trafic*
città	*ville*
città vecchia	*vieille ville*
classe	*classe*
cliente	*client*
club	*club*
coda	*queue*
coda di rospo	*lotte*
cognome	*nom de famille*
coincidenza	*correspondance*

Italien / Français

collana	*collier*
collega	*collègue*
collezionare francobolli	*collectionner des timbres*
collina	*colline*
collo	*cou*
coltello	*couteau*
commesso/commessa	*vendeur/vendeuse*
compiti	*devoirs*
completo	*costume/complet*
comprare	*acheter*
concerto	*concert*
conducente	*conducteur*
congratularsi	*féliciter*
coniglio	*lapin*
contanti	*liquide (argent)*
controllore	*contrôleur*
convalidare	*composter*
coperta	*couverture*
copiare	*copier*
coppia	*couple*
correre	*courir*
(prima) colazione	*petit-déjeuner*
corridoio	*couloir*
corso	*cours*

cortile	*cour*
corto	*court*
coscia	*cuisse*
costo/costare	*coût/coûter*
costoso	*cher*
cotoletta	*côtelette*
cotto	*cuit*
cozza	*moule*
cravatta	*cravate*
credito (prendere un)	*prendre un crédit*
crociera	*croisière*
crudo	*cru*
cucchiaio	*cuiller*
cucina	*cuisine*
cucinare	*cuisiner*
cugino	*cousin*
cuocere	*cuire*
cuoco/cuoca	*cuisinier/cuisinière*
cuore	*cœur*
cuscino	*coussin*

D

davanti	*devant*
dente	*dent*
depositare	*déposer*

Italien / Français

destra	*droite*
dicembre	*décembre*
dichiarare	*déclarer*
dieta	*régime*
dietro	*derrière*
digerire	*digérer*
diploma	*diplôme*
direttore	*directeur*
discoteca	*discothèque*
disegnare	*dessiner*
disoccupazione	*chômage*
distinto	*mention très bien*
sdito	*doigt*
divano	*canapé*
divorziato	*divorcé*
doccia	*douche*
dogana	*douane*
dolce	*dessert*
dolore	*douleur*
domani	*demain*
domenica	*dimanche*
dopo	*après*
dottore	*docteur*

E

edificio	*bâtiment/immeuble*
educare	*élever*
elettricista	*électricien*
entrata	*entrée*
equitazione	*équitation*
erba	*herbe*
esame	*examen*
esercizio	*exercice*
estate	*été*

F

fabbrica	*usine*
faccia	*visage*
fagiolino	*haricot vert*
fagiolo	*haricot*
fallire	*échouer*
fame (avere)	*faim (avoir)*
fare il bagno	*baigner (se)*
fare la spesa	*faire les courses*
fare una passeggiata	*promener (se)*
farina	*farine*
farmacia	*pharmacie*
farmaco	*médicament*
fave	*fèves*

Italien / Français

febbraio	*février*
febbre	*fièvre*
fecola	*fécule*
felpa	*sweat*
fermata	*arrêt/station*
ferro da stiro	*fer à repasser*
festa	*fête*
fetta	*tranche*
fetta biscottata	*biscotte*
fidanzato	*fiancé*
file	*fichier*
filetto	*filet*
fine settimana/week-end	*week-end*
finestra	*fenêtre*
finire/portare a termine	*finir/terminer*
fiore	*fleur*
fiume	*rivière*
fodera	*housse*
forchetta	*fourchette*
foresta	*forêt*
forno	*four*
fragola	*fraise*
fratello	*frère*
freddo	*froid*
frenare	*freiner*

fresco	*frais*
frigo(rifero)	*frigo/réfrigérateur*
frutto	*fruit*
fulmine	*éclair*
fumetto	*bande dessinée*
fungo	*champignon*
funzionare	*fonctionner*
funzionario	*fonctionnaire*

G

gamba	*jambe*
gamberetto	*crevette rose*
gelato	*glace*
gelido	*gelé*
gemello	*jumeau*
genero	*gendre*
genitori	*parents*
gennaio	*janvier*
gestire	*gérer*
ghiaccio	*glace*
giacca	*veste*
giallo	*jaune*
giardino	*jardin*
ginocchio	*genou*
gioco	*jeu*

Italien / Français

giornalaio/edicola	*marchand de journaux*
	kiosque à *journaux*
giornale	*journal*
giornaliero	*journalier*
giornata di lavoro	*journée de travail*
giorno	*jour*
giovane	*jeune*
giovedì	*jeudi*
girare	*tourner*
girasole	*tournesol*
gita	*randonnée*
giugno	*juin*
gocce di pioggia	*gouttes de pluie*
gola	*gorge*
gomma da masticare/chewing-gum	*chewing-gum*
gonna	*jupe*
grammi	*grammes*
grande	*grand*
grande magazzino	*grand magasin*
grandine	*grêle*
grano	*blé*
gratuito	*gratuit*
gravidanza	*grossesse*
grigio	*gris*
guasto	*panne*

guida	*guide*

H
hotel/albergo	*hôtel*

I
idraulico	*plombier*
ieri	*hier*
imbarcare	*embarquer*
immangiabile	*immangeable*
immersione	*plongée sous-marine*
immondizia	*ordures*
imparare/insegnare	*apprendre*
impermeabile	*imperméable*
impiegato	*employé*
incrocio	*carrefour/croisement*
indicare	*indiquer*
indietreggiare/spostare	*reculer*
indipendente	*indépendant*
indirizzo	*adresse*
indomani	*lendemain*
infanzia	*enfance*
infermiere	*infirmier*
influenza	*grippe*
inquilino	*locataire*

Italien / Français

insalata	*salade*
inverno	*hiver*
invitare	*inviter*
invito	*invitation*
isola	*île*
istante	*instant*

K

kiwi	*kiwi*

L

labbra	*lèvres*
lago	*lac*
lampada	*lampe*
lampadina	*ampoule*
lampone	*framboise*
largo	*large*
lasciare	*quitter*
latte	*lait*
lavandino	*évier*
lavastoviglie	*lave-vaisselle*
lavatrice	*lave-linge*
lavorare	*travailler*
leggere	*lire*
lenzuolo	*drap*

letto (singolo, matrimoniale) *lit (simple, double)*
lettura   *lecture*
liberare   *libérer*
libreria   *librairie*
libro   *livre*
licenziare   *licencier*
liceo   *lycée*
limone   *citron*
lingua   *langue*
litigare   *quereller (se)*
lontano   *loin*
luce   *lumière*
luglio   *juillet*
luna   *lune*
lunedì   *lundi*
lungo   *long*

M

macchina fotografica   *appareil photo*
madre   *mère*
madrina   *marraine*
maggio   *mai*
maggiore   *aîné*
maglietta   *tee-shirt*
maglione   *pull*

Italien / Français

maiale	*cochon/porc*
mais/gran(o)turco	*maïs*
male	*mal*
mancia	*pourboire*
mandorla	*amande*
mangiare	*manger*
mano	*main*
manzo	*bœuf*
marciapiede	*trottoir*
mare	*mer*
marrone	*marron*
martedì	*mardi*
marzo	*mars*
materasso	*matelas*
materia	*matière*
mattina/mattinata	*matin/matinée*
maturità (esame di)	*baccalauréat*
maturo	*mûr*
medico	*médecin*
mela	*pomme*
melanzana	*aubergine*
melone	*melon*
mensile	*mensuel*
mercato	*marché*
mercoledì	*mercredi*

merluzzo	*colin*
mese	*mois*
mestiere	*métier*
metro	*mètre*
metro(politana)	*métro*
mezzanotte	*minuit*
mezzogiorno	*midi*
minestra	*soupe*
minuto	*minute*
mobili	*meubles*
moneta/spiccioli	*monnaie (petite)*
montagna	*montagne*
mora	*mûre*
morbillo	*rougeole*
morire	*mourir*
morto	*mort*
mostra	*exposition*
moto	*moto*
motore	*moteur*
municipio	*mairie*
museo	*musée*

N

nascere	*naître*
nasello	*merlan*

Italien / Français

naso	*nez*
nave	*navire*
nebbia	*brouillard*
negozio	*magasin/boutique*
neonato	*nouveau-né*
nero	*noir*
neve/nevicare	*neige/neiger*
nocciola	*noisette*
nocciolina	*cacahuète*
noce	*noix*
noce di cocco	*noix de coco*
noleggio auto	*location de voiture*
nome	*prénom*
nonna	*grand-mère*
nonni	*grands-parents*
nonno	*grand-père*
notte	*nuit*
novembre	*novembre*
nuora/figliastra	*belle-fille*
nuotare	*nager*
nuoto	*natation*
nuvola	*nuage*
nuvoloso	*nuageux*

O

occhiali (da sole)	*lunettes (de soleil)*
occhio	*œil*
oggi	*aujourd'hui*
olio (d'oliva/d'arachide)	*huile (d'olive d'arachide)*
oliva	*olive*
ombrello	*parapluie*
omelette/frittata	*omelette*
onda	*vague*
operaio	*ouvrier*
ora	*heure*
orari	*horaires*
ordinare	*commander*
origano	*origan*
orologio	*montre*
orecchio	*oreille*
ospedale	*hôpital*
ostello della gioventù	*auberge de jeunesse*
ostriche	*huîtres*
ottobre	*octobre*

P

padre	*père*
padrino	*parrain*

Italien / Français

padrone	*patron*
paga	*paye*
pagamento	*payement*
pagare	*payer*
palazzo	*palais*
pallacanestro	*basket-ball*
pallamano	*handball*
pallavolo	*volley-ball*
pallone	*ballon*
pancia	*ventre*
pane	*pain*
panino	*sandwich*
panna	*crème*
panna montata	*chantilly*
pantaloncini	*short*
pantaloni	*pantalon*
parcheggio	*parking (place de)*
parco	*parc*
partenze	*départs*
partire	*partir*
partita	*match*
passaporto	*passeport*
pasta	*pâtes*
pasto	*repas*
patata	*pomme de terre*

patente	*permis de conduire*
pavimento	*sol*
pecora	*mouton*
pelle	*peau*
pensione	*retraite*
pensionato	*retraité*
pepe	*poivre*
peperoncino	*piment*
peperone	*poivron*
pera	*poire*
perdere	*perdre*
pesca	*pêche*
pesce	*poisson*
pezzo di torta	*morceau de gâteau*
piano	*étage*
pianoterra	*rez-de-chaussée*
piatto	*assiette*
piazza	*place*
piccante	*épicé*
piccolo	*petit*
piede	*pied*
pieno	*plein*
pinne	*palmes*
pinolo	*pignon*
pioggia/piovere	*pluie/pleuvoir*

Italien / Français

piscina	*piscine*
pisello	*petit pois*
pista	*piste*
pista ciclabile	*piste cyclable*
pizzeria	*pizzeria*
poco	*peu*
polizia	*poste de police*
pollo	*poulet*
pomeriggio	*après-midi*
pomodoro	*tomate*
porro	*poireau*
porta	*porte*
porta d'imbarco	*porte (d'embarquement)*
portale	*portail*
portamonete	*porte-monnaie*
portare	*porter (un vêtement)*
posta	*poste*
posta elettronica/mail	*courriel*
postino	*facteur*
pranzo	*déjeuner*
prelevare dei soldi	*retirer de l'argent*
prendere	*prendre*
prenotare (una camera, un biglietto)	*réserver (une chambre, un billet)*
prenotazione	*réservation*

presa	*prise*
presentare	*présenter*
presto	*tôt*
prezzo	*prix*
prima	*avant*
primavera	*printemps*
primo	*premier*
professore/professoressa	*professeur*
profondo	*profond*
promozione	*promotion*
proprietario	*propriétaire*
prosciutto	*jambon*
provare	*essayer*
prugna	*prune*
pulire	*nettoyer*

Q

quaderno	*cahier*

R

racchetta	*raquette*
raddoppiare	*redoubler*
raffreddore	*rhume*
rapa	*navet*
redigere	*rédiger*

Italien / Français

regalare	*offrir*
regalo	*cadeau*
rene	*rein*
respirare	*respirer*
ricerca	*recherche*
ringraziare	*remercier*
riposarsi	*reposer (se)*
riscaldamento	*chauffage*
riso	*riz*
risparmiare	*faire des économies*
ritardo	*retard*
ritirare	*retirer*
ritorno	*retour*
rivista	*magazine/revue*
rompersi	*se casser*
rosa	*rose*
rosso	*rouge*

S

sabato	*samedi*
sala da pranzo	*salle à manger*
sale	*sel*
salire	*monter*
salmone	*saumon*
salotto	*salon/salle de séjour*

salsiccia	*saucisse*
salumi	*charcuterie*
sardina	*sardine*
scacchi (giocare a)	*échecs (jouer aux)*
scaffale	*étagère*
scala	*escalier*
scaloppina	*escalope*
scarpa	*chaussure*
scarpe da ginnastica	*baskets*
scendere	*descendre*
schiena	*dos*
sci/sciare	*ski/faire du ski*
sciopero	*grève*
scrivania	*bureau (meuble)*
scuola	*école*
scuola media	*collège*
secolo	*siècle*
secondo	*seconde*
sedano	*céleri*
sedia	*chaise*
sedile	*siège*
segretario/a	*secrétaire*
seguire	*continuer*
semaforo	*feu*
sempre diritto	*tout droit*

Italien / Français

sentiero	*sentier*
senza lavoro	*sans emploi*
separato	*séparé*
seppia	*seiche*
servizi/bagno	*toilettes*
sete (avere)	*soif (avoir)*
settembre	*septembre*
settimanale	*hebdomadaire*
siesta	*sieste*
sig.na, sig. sig.ra	*Mlle, M, Mme*
sinistra	*gauche*
sole	*soleil*
soleggiato	*ensoleillé*
sorella	*sœur*
spalla	*épaule*
spendere	*dépenser*
spese	*charges/dépenses*
spettacolo	*spectacle*
spiaggia	*plage*
spina dorsale	*colonne vertébrale*
sport	*sport*
sportello	*guichet*
sportello bancomat	*distributeur de billets*
sposato	*marié*
sposo	*époux*

spostarsi	*déplacer (se)*
squadra	*équipe*
stadio	*stade*
stare	*rester*
stasera	*ce soir*
stazione	*gare*
stazione di servizio	*station-service*
stella	*étoile*
stipendio	*salaire*
stirare	*repasser*
stivali	*bottes*
stomaco	*estomac*
strada	*rue*
stretto	*étroit*
studente	*étudiant*
succo	*jus*
sufficiente	*mention passable*
suocera/matrigna	*belle-mère*
suocero	*beau-père*
superare	*doubler*
supermercato	*supermarché*
sveglia	*réveil*

T

tagliare	*couper*

Italien / Français

taglio	*coupure/coupe*
tardi	*tard*
tasca	*poche*
tavola	*table (repas)*
tavolo	*table (meuble)*
taxi/tassì	*taxi*
tazza	*tasse*
tè	*thé*
telefono	*téléphone*
televisione	*télévision*
tempesta	*tempête*
tempo	*temps*
temporale	*orage*
tenda	*rideau*
tennis	*tennis*
terrazza	*terrasse*
testa	*tête*
tetto	*toit*
togliere	*enlever (un vêtement)*
tonno	*thon*
torta	*gâteau*
tosse	*toux*
tovaglia	*nappe*
tramonto	*coucher du soleil*
trasferire dei soldi	*transférer de l'argent*

treni extraurbani	*trains de banlieue*
treno	*train*
tribunale	*tribunal*
tuono	*tonnerre*

U

ufficio	*bureau*
ufficio del turismo	*office du tourisme*
umido	*humide*
unghia	*ongle*
università	*université*
uovo	*œuf*
uscita	*sortie*
uva	*raisin*

V

vaccino	*vaccin*
vagone	*wagon*
valigia	*valise*
vasca da bagno	*baignoire*
vedovo	*veuf*
venerdì	*vendredi*
vento	*vent*
verde	*vert*
verdura	*légumes*

Italien / Français

vestirsi	*s'habiller*
vestito	*robe/vêtement*
vettura/carrozza	*voiture/compartiment (train)*
via	*rue/voie*
viaggiare	*voyager*
viaggiatore	*voyageur*
viale	*avenue*
vigilia	*veille*
vincere	*gagner*
vino	*vin*
viola	*violet*
visita	*visite*
visitare	*visiter*
vitello	*veau*
volare	*voler*

Z

zia	*tante*
zio	*oncle*
zona pedonale	*zone piétonne*
zucchero	*sucre*
zucchina	*courgette*

ANNEXE :
LES PRINCIPAUX VERBES
IRRÉGULIERS

Italien / Français

A

accendere (avere) acceso	allumer
andare (essere) andato	aller
aprire (avere) aperto	ouvrir

B

bere (avere) bevuto	boire

C

cadere (essere) caduto	tomber
chiedere (avere) chiesto	demander
cogliere (avere) colto	cueillir
condurre (avere) condotto	conduire
conoscere (avere) conosciuto	connaître
correre (avere) corso	courir
crescere (essere) cresciuto	croître, grandir
cuocere (avere) cotto	cuire

D

dare (avere) dato	donner
decidere (avere) deciso	décider
difendere (avere) difeso	défendre

Italien / Français

dipingere (avere) dipinto	peindre
dire (avere) detto	dire
dirigere (avere) diretto	diriger
discutere (avere) discusso	discuter
distinguere (avere) distinto	distinguer
dividere (avere) diviso	diviser
dovere (avere) dovuto	devoir

E
essere (essere) stato	être

F
fare (avere) fatto	faire
fondere (avere) fuso	fondre

L
leggere (avere) letto	lire

M
mettere (avere) messo	mettre
morire (essere) morto	mourir
muovere (avere) mosso	bouger

N
nascere (essere) nato	naître

nascondere (avere) nascosto	cacher

O

offrire (avere) offerto	offrir

P

perdere (avere) perso	perdre
piacere (essere) piaciuto	plaire
piangere (avere) pianto	pleurer
piovere (essere/avere) piovuto	pleuvoir
potere (avere) potuto	pouvoir
prendere (avere) preso	prendre
proteggere (avere) protetto	protéger

R

redigere (avere) redatto	rédiger
rendere (avere) reso	rendre
ridere (avere) riso	rire
rimanere (essere) rimasto	rester
rompere (avere) rotto	rompre

S

salire (essere) salito	monter
sapere (avere) saputo	savoir
scegliere (avere) scelto	choisir

Italien / Français

scendere (essere) sceso	descendre
scrivere (avere) scritto	écrire
spingere (avere) spinto	pousser
stare (essere) stato	rester

T

tenere (avere) tenuto	tenir
togliere (avere) tolto	enlever

U

uscire (essere) uscito	sortir

V

valere (essere) valso	valoir
vedere (avere) visto	voir
venire (essere) venuto	venir
vincere (avere) vinto	gagner
vivere (avere) vissuto	vivre
volere (avere) voluto	vouloir

VOUS AVEZ AIMÉ CE LIVRE ?

Vous trouverez également dans la même collection :

• *Les 1 000 mots indispensables en anglais*, Brigitte Lallement & Nathalie Pierret
• *Les 1 000 mots indispensables en allemand*, Anne-Claire Brabant
• *Les 1 000 mots indispensables en espagnol*, Élisenda Ségalas-Clérin

ISBN 978-2-7540-1317-8 • 2,90 €

ISBN 978-2-7540-1754-1 • 2,90 €

ISBN 978-2-7540-1316-1 • 2,90 €